Parque Nacional de las

Montañas Rocosas

Grace Hansen

Abdo PARQUES NACIONALES Kids

Abdo Kids Jumbo es una subdivisión de Abdo Kids
abdobooks.com

abdobooks.com

Published by Abdo Kids, a division of ABDO, P.O. Box 398166, Minneapolis, Minnesota 55439.

052019

092019

THIS BOOK CONTAINS RECYCLED MATERIALS

Spanish Translator: Maria Puchol

Photo Credits: Alamy, iStock, Shutterstock

Production Contributors: Teddy Borth, Jennie Forsberg, Grace Hansen

Design Contributors: Dorothy Toth, Laura Mitchell

Library of Congress Control Number: 2018968162

Publisher's Cataloging-in-Publication Data

Names: Hansen, Grace, author.

Title: Parque Nacional de las montañas rocosas/ by Grace Hansen.

Other title: Rocky mountain national park. Spanish

Description: Minneapolis, Minnesota : Abdo Kids, 2020. | Series: Parques nacionales |

Identifiers: ISBN 9781532187636 (lib.bdg.) | ISBN 9781532188619 (ebook)

Subjects: LCSH: Rocky Mountain National Park (Colo.)--Juvenile literature. | National parks and reserves--Juvenile literature. | Rocky Mountains--Juvenile literature. | National parks and reserves--Colorado--Juvenile literature. | National parks and reserves--United States--Juvenile literature. | Spanish language materials--Juvenile literature.

Classification: DDC 978.869--dc23

Contenido

Parque Nacional de las Montañas Rocosas

Este parque está ubicado en la zona central del norte de Colorado. El presidente Woodrow Wilson aprobó su creación el 26 de enero de 1915.

Naturaleza y sus características

El parque tiene cuatro zonas principales. Estas zonas albergan una gran variedad de plantas, animales y elementos de la naturaleza.

La zona de **monte** se encuentra a una **elevación** de entre 5,600 a 9,500 pies (de 1,707 a 2,896 m). Éstas son las elevaciones más bajas del parque. Por eso, más plantas y animales **abundan** en estas zonas.

En la zona de **monte** las praderas se llenan de flores silvestres. En los ríos se pueden ver nutrias y castores. Los uapití o ciervos canadienses recorren los bosques.

La zona **subalpina** está entre los 9,000 y los 11,000 pies de **elevación** (entre 2,743 y 3,353 m). Aquí, los bosques subalpinos cubren las laderas de las montañas. La corteza y las agujas de los pinos pueden aguantar este entorno más severo.

Las cristalinas aguas del lago Sprague reflejan como un espejo sus alrededores. Las primuláceas crecen en las zonas húmedas y rocosas. Sus brillantes flores rosas brotan después del deshielo.

La **tundra alpina** comienza a 11,000 pies de **elevación** (3,353 m). El clima extremo hace difícil la supervivencia. Pocos animales y plantas son lo suficientemente fuertes para vivir aquí.

Las plantas y árboles **perennes** son lo común en la **tundra alpina**. La vegetación baja evita los fuertes vientos.

Las picas son diminutos **mamíferos** adaptados a la vida en la **tundra alpina**. Se alimentan de plantas como la miosotis alpina. Encuentran refugio bajo montones de rocas.

Actividades divertidas

Disfrutar de la pesca o pesca con mosca en los más de 50 lagos y muchos arroyos del parque

Hacer un recorrido panorámico en coche a través de las muchas zonas del parque

Caminar por las 355 millas (571 km) de rutas

Observar los animales e intentar divisar algún borrego cimarrón

Glosario

abundar – haber gran cantidad de algo cuando las condiciones son buenas para desarrollarse.

elevación – distancia desde el nivel del mar.

mamífero – animal de sangre caliente con la piel cubierta de pelo y esqueleto en su interior.

monte – área con bastante elevación. A elevaciones moderadas son normales los bosques frondosos.

perenne – que vive más de dos años.

subalpino – zona natural por debajo de la línea de vegetación.

tundra alpina – zona natural sin árboles debido a su alta elevación.

Índice

Abdo Kids ONLINE
FREE! ONLINE MULTIMEDIA RESOURCES

¡Visita nuestra página **abdokids.com** y usa este código para tener acceso a juegos, manualidades, videos y mucho más!